WALT DISNEY

101 DÁLMATAS
LIBRO PARA CONTAR

POR FRAN MANUSHKIN

ILUSTRADO POR RUSSELL HICKS
TRADUCIDO AL ESPAÑOL POR DANIEL M. SANTACRUZ

Disney PRESS

NUEVA YORK

For information address Disney Press,
114 Fifth Avenue,
New York, NY 10011.
Originally published as *Walt Disney's 101 Dalmatians: A Counting Book* copyright © 1991 by Disney Press.
Library of Congress Catalog Card Number: 93-70677
ISBN: 1-56282-568-2 (pbk.)/1-56282-697-2 (lib. bdg.)
FIRST EDITION
1   3   5   7   9   10   8   6   4   2

Walt Disney

101 DÁLMATAS
LIBRO PARA CONTAR

Esta es la primera vez que salimos a dar un paseo con nuestros cachorros —dijo Perdita—. ¿Estás seguro de que podemos controlarlos a ellos *y* a nuestras dos mascotas humanas, Rogelio y Anita?

— Todo va a estar bien — le aseguró Pongo.

— Así espero — dijo Perdita, suspirando —. ¡Pero los cachorros pueden ser caprichosos!

En ese instante pasó un camión de bomberos haciendo sonar su sirena. Con un ruidoso coro de aullidos y ladridos, los cachorros se lanzaron a la esquina, ¡corriendo sin orden ni concierto detrás del camión!

— ¡Deténganse! ¡Deténganse! — gritaron Rogelio y Anita, y salieron corriendo también.

— ¡Vamos tras ellos! — exclamó Pongo.

¡Apúrate y pasa la página para ver cómo puedes ayudar!

—¿Cómo recuperaremos a los cachorros? —preguntó Perdita.

—No te preocupes —respondió Pongo—. Los encontraremos a todos. Ya puedo ver 10 cachorros.

Encuentra 10 cachorros en el almacén y cuéntalos de **1** a **10**.

— Encontramos los primeros 10 cachorros rápidamente — dijo Pongo con orgullo — . ¡Y estoy seguro de que hallaremos más en el parque!
— Oh, espero que sí — agregó Perdita — . ¡Este es uno de sus sitios favoritos!

11 20

Encuentra 10 cachorros más y cuéntalos de **11** a **20**.

—Ahora tenemos 20 perros —dijo Pongo—. ¡Te dije que este paseo sería agradable!

—Esto no es un paseo, ¡es una carrera! —replicó Perdita, irritada—. Estoy segura de que encontraremos más cachorros en el concierto de la orquesta. ¡Tú sabes cuánto les gusta la música!

—¡Lo sé! —dijo Pongo—. ¡Puedo ver a Patch desde aquí!

Encuentra 10 cachorros más y cuéntalos de **21** a **30**.

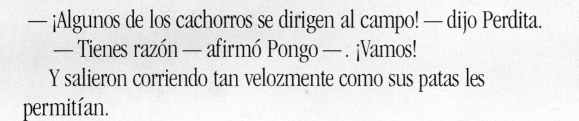

— ¡Algunos de los cachorros se dirigen al campo! — dijo Perdita.
— Tienes razón — afirmó Pongo —. ¡Vamos!
Y salieron corriendo tan velozmente como sus patas les permitían.

Encuentra 10 dálmatas más y cuéntalos de **31** a **40**.

—¡Vamos bien! —dijo Pongo, deteniéndose para recobrar el aliento—. Ya hemos encontrado 40 cachorros.

—¡No quedaré tranquila hasta que los hallemos a todos! —dijo Perdita, irritada—. Estoy segura de que algunos están aquí en la feria. ¡Y no me sorprendería que se hayan metido en toda clase de líos!

¡Perdita tiene toda la razón!

Encuentra 10 cachorros juguetones más y cuéntalos de **41** a **50**.

—Oh, no —se lamentó Pongo—. ¡Esperaba que esto no sucediera! ¡Algunos de los cachorros han entrado a la vieja mansión tétrica de Cruela de Vil. ¡Debemos sacarlos pronto de allí!

—¡Puedo ver al pícaro Lucky frente al televisor! —dijo Perdita.

Encuentra 10 cachorros más —¡rápidamente!— y cuéntalos de **51** a **60**.

—Gracias a Dios sacamos a los cachorros de esa casa —dijo Pongo.

—Ya hemos encontrado 60 —dijo Perdita—. Y hay más en este establo visitando a sus viejas amigas Queenie, Duchess y Princess.

¡Hay 10 cachorros más en el establo! Cuéntalos de **61** a **70**.

—Veo más cachorros en el centro del pueblo —dijo Perdita.
—¡Yo también! —gritó Pongo.

Encuentra 10 cachorros más y cuéntalos de **71** a **80**.

—Busquemos ahora en este viejo granero —dijo Perdita—. Vi entrar algunos cachorros.

—¡Yo también los vi! —asintió Pongo con la cabeza—. Están disfrutando la reunión con su amigo, el labrador negro.

Encuentra 10 cachorros más y cuéntalos de **81** a **90**.

—¡Debí haber adivinado que encontraríamos más cachorros en la fiesta! —dijo Pongo con una sonrisa.

—¡Allá está Rolly! —dijo Perdita, alegremente—. ¡Le encanta comer en las fiestas!

Encuentra 9 cachorros más y cuéntalos de **91** a **99**.

— ¡Ya estamos todos juntos otra vez! — dijo Pongo —. Fue una verdadera búsqueda, pero encontramos a todos nuestros cachorros.

— ¡Me siento mejor! — dijo Perdita —. Ahora podemos ir todos a casa.

— ¡Espera! ¡Espera! — gritó Pongo de repente —. ¡Sólo puedo contar 99 dálmatas! Debe haber 101. ¿Dónde están los otros 2?

¿Puedes adivinar?

—*Tú* y *yo* somos los otros 2 dálmatas, ¡el 100 y el 101! — dijo Perdita.

— ¡Por supuesto! — rió Pongo —. ¡Debí haberlo sabido!

¿Puedes contar todos los **101** dálmatas?

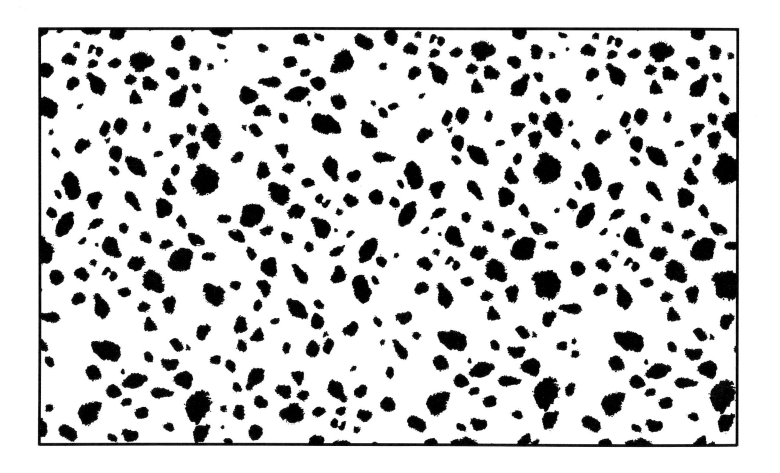

La película *101 Dálmatas* se exhibió por primera vez en 1961 y ha estado deleitando al público desde entonces.

¿Sabías que para la película fue necesario animar **6.469.952** manchas de dálmata?

Pongo tiene **72** manchas y Perdita **68**.

Cada uno de los cachorros de la película tiene **32**. Pero en este libro no puedes ver cada mancha de cada cachorro.